## MIS PRIMEROS LIBROS

# LOS GATOS ME GUSTAN MAS

por Catherine Matthias

ilustrado por Tom Dunnington

Traductora: Lada Josefa Kratky

Consultante: Dr. Orlando Martinez-Miller

Preparado bajo la dirección de Robert Hillerich, Ph.D.

CHILDRENS PRESS®
CHICAGO

**Library of Congress Cataloging in Publication Data**

Matthias, Catherine.
  Los gatos me gustan más.

  (Mis primeros libros)
  Incluye una Lista de palabras.
  Resumen: Uno puede tomarles cariño a otros animales,
pero no tanto como a los gatos.
  [1. Gatos—Ficción] I. Dunnington, Tom, il. II. Título.
III. Serie.
PZ7.M4347Iad 1983 [E]   83-7215
ISBN 0-516-32-41-6

Childrens Press®, Chicago
Copyright © 1988, 1983 by Regensteiner Publishing Enterprises, Inc.
All rights reserved. Published simultaneously in Canada.
Printed in the United States of America.
1 2 3 4 5 6 7 8 9 10 R 97 96 95 94 93 92 91 90

Me gustan los ratones.
Son bonitos.

Pero los gatos
me gustan más.

Me gustan las vacas.
Podemos ser amigos.

Pero los gatos
me gustan más.

Me gustan los perros,
los bajos y los altos . . .

. . . y los cachorros y los conejitos

. . . y los osos que comen miel.

Pero los gatos
me gustan más.

Me gustan los puercos,
los pequeños y los grandes,
y los patos y gansos
y chivos y ovejas.

Me gustan todos muchísimo.

Pero los gatos
me gustan más.

Me gustan los pájaros
que cantan . . .

y los murciélagos
que vuelan . . .

. . . y las tortugas
y los caracoles con
sus casas a cuestas.

Pero los gatos
me gustan más.

23

Me gustan las ranas
y los sapos
y los renacuajos . . .

25

. . . y las cucarachas
y las arañas y los grillos
y los demás.

Me gustan todos muchísimo.

¡PERO LOS GATOS ME GUSTAN MAS!

# LISTA DE PALABRAS

| | | | |
|---|---|---|---|
| a | cucarachas | miel | ranas |
| altos | cuestas | muchísimo | ratones |
| amigos | chivos | murciélagos | renacuajos |
| arañas | demás | osos | sapos |
| bajos | gansos | ovejas | ser |
| bonitos | gatos | pájaros | son |
| cachorros | grandes | patos | sus |
| cantan | grillos | pequeños | todos |
| caracoles | gustan | pero | tortugas |
| casas | las | perros | vacas |
| comen | los | podemos | vuelan |
| con | más | puercos | y |
| conejitos | me | que | |